100% LOISIRS

Éditions Lito

texte de sophie de mullenheim
illustrations de fañch autret

100% questions pour les petits champions

ÉDITO... RAIS PAS UNE QUESTION À ME POSER ?

Qui Suis-je ?

- JE SUIS UN FAN DE CULTURE GÉNÉRALE,
- J'AIME LIRE ET ALLER AU CINÉMA,
- JE SUIS AU COURANT DE TOUS LES POTINS DE STARS,
- J'AIME LE SPORT, LA BD, LA TÉLÉ, LA MUSIQUE, LES SCIENCES... TOUT !,
- JE SUIS CALÉ EN HISTOIRE-GÉO,
- J'AI LA TÊTE REMPLIE D'INFORMATIONS, MAIS PAS LA GROSSE TÊTE.

Réponse : l'heureux propriétaire de ce livre !!!

Teste tes connaissances avec ces **QCM**, ces **devinettes**, ces **Qui suis-je ?** et ces **Vrai-Faux**.

C'EST LE PLUS GRAND
DES SUPER-HÉROS,
C'EST LE PLUS FORT
DE LA TERRE, DES
FOIS, IL CRIE UN PEU,
MAIS EN VRAI,
IL EST GENTIL.

QUI EST-CE ?

1 Son nom de code est 007. Qui est-ce ?

a - Inspecteur Gadget

b - James Bond

c - Terminator

2 Qui l'acteur Tobey Maguire a-t-il interprété à l'écran ?

a - Spiderman

b - Goldorak

c - Elephant Man

3 Son fidèle compagnon s'appelle Robin. De qui s'agit-il ?

a - Superman

b - Batman

c - Spiderman

4 Qui est le fils de Dark Vador ?

a - Luke Skywalker

b - Han Solo

c - Obi-Wan Kenobi

Qui Suis-je ?

UNE PETITE FILLE MODÈLE

JE SUIS NÉE EN RUSSIE EN 1799.

MON NOM DE JEUNE FILLE EST SOPHIE ROSTOPCHINE.

EN 1817, JE VIENS EN FRANCE ET ÉPOUSE BIENTÔT UN COMTE.

LES HÉROÏNES DE MES LIVRES S'APPELLENT CAMILLE, MADELEINE OU SOPHIE.

J'AI ÉCRIT « LES MÉMOIRES D'UN ÂNE » ET « LES PETITES FILLES MODÈLES ».

VRAI OU FAUX EN CHANSON

❶ Le chanteur Florent Pagny interprète « Ma liberté de penser ». VRAI OU FAUX ?

❷ La chanson « Chihuahua » a été écrite par DJ Boba. VRAI OU FAUX ?

❸ Hélène Ségara est l'interprète du générique du film « Titanic ». VRAI OU FAUX ?

❹ « Mes courants électriques » est un album de Priscilla. VRAI OU FAUX ?

❺ L5 est un groupe de musique formé grâce à l'émission Popstars. VRAI OU FAUX ?

QUESTIONS

ÇA SE FÊTE !

1. Ce jour-là, la tradition veut que l'on s'embrasse sous le gui, à minuit. De quel jour s'agit-il ?

2. On célèbre la fête nationale le 14 juillet, en souvenir du 14 juillet 1789. Que s'est-il passé ce jour-là ?

3. C'est la fête du travail le 1er mai. À cette occasion, on vend partout en France une petite fleur blanche. Quel est son nom ?

4. Quel jour cherche-t-on les œufs et les poules en chocolat cachés dans la maison ?

5. Que commémore la fête du 8 mai ?

6. Sorcières, squelettes, citrouilles et fantômes sont de sortie. À quelle occasion ?

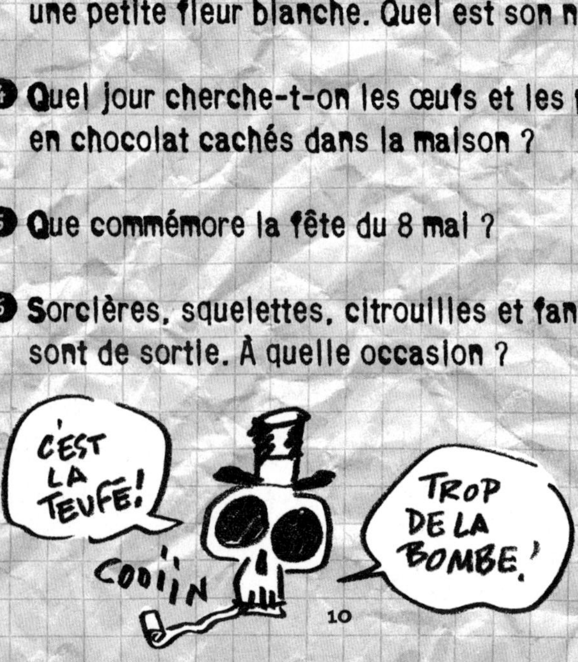

QCM

Bienvenue sur Internet...

1 Comment s'appelle le petit boîtier qui permet de se déplacer sur son écran d'ordinateur ?

a - Le mulot

b - La musaraigne

c - La souris

2 Quelle est la bonne expression ?

a - Naviguer sur Internet

b - Voyager sur Internet

c - Se mouvoir sur Internet

3 Celui qui veut se faire connaître par Internet crée...

a - Un site

b - Un lieu

c - Une carte

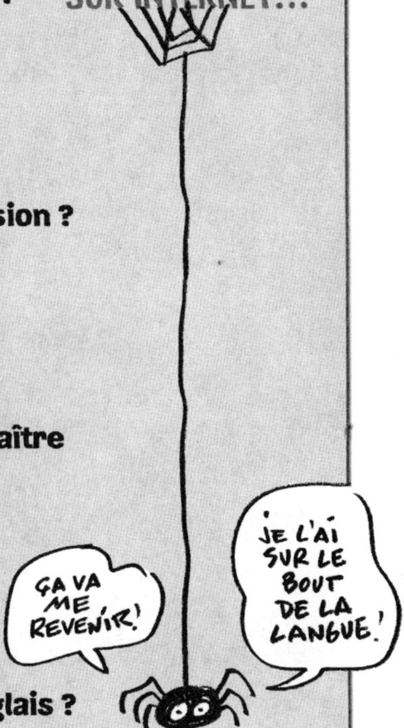

4 Que signifie « web » en anglais ?

a - Information

b - Toile

c - Connexion

Qui Suis-je ?

FEMME DE TÊTE

JE SUIS NÉE À DOMRÉMY EN 1412.

JE GARDAIS MES MOUTONS QUAND DES VOIX M'ONT APPELÉE À SERVIR LA FRANCE.

J'AI FAIT SACRER CHARLES VII À REIMS ET DÉLIVRÉ ORLÉANS DES ANGLAIS.

JE FUS BRÛLÉE VIVE À ROUEN.

ON ME SURNOMME «LA PUCELLE D'ORLÉANS».

VRAI OU FAUX

À CHAQUE VILLE SES HABITANTS

1. En déménageant à Cannes, on devient Cannais.
VRAI OU FAUX ?

2. Les habitants de Clermont-Ferrand s'appellent les Montferrandais. **VRAI OU FAUX ?**

3. À Boulogne-sur-Mer, on rencontre des Boulognais. **VRAI OU FAUX ?**

4. Celui qui habite Calais est un Calaisien.
VRAI OU FAUX ?

5. Qui habite à Biarritz ? Ce sont les Biarrots.
VRAI OU FAUX ?

QUESTIONS

ASTÉRIX SUR ÉCRAN PANORÁMIX !

1. Quel acteur interprète Astérix au cinéma ?

2. Dans « Astérix et Obélix : mission Cléopâtre », qui incarne l'architecte Numérobis ?

3. Qui Numérobis va-t-il voir en Gaule pour lui demander de l'aide ?

4. Qui a cassé le nez de la statue du Sphinx ?

5. Comment s'appelle le personnage qui veut faire échouer Numérobis ?

6. Dans le premier film « Astérix et Obélix contre César », de qui Obélix est-il amoureux ?

7. Qu'est-ce que Cléopâtre a de fort joli ?

QCM

DÉFILÉ DE MODE

1. **Celui qui porte des mitaines porte…**
   - a - De grandes chaussettes
   - b - Des lunettes de ski
   - c - Des gants sans doigts

2. **Qu'appelle-t-on un cache-cœur ?**
   - a - Une sorte de chemisier
   - b - Un chapeau de mariage
   - c - Un mouchoir en dentelle

3. **Quel genre de pantalon Tintin porte-t-il ?**
   - a - Des knickers
   - b - Un bermuda
   - c - Un treillis

4. **Qu'est-ce qu'une capeline ?**
   - a - Une petite cape
   - b - Un grand chapeau
   - c - Un manteau pour enfant

Qui suis-je ?

L. O. L. I. T. A

JE SUIS NÉE EN CORSE EN 1984.

COMME JE LE DIS DANS L'UNE DE MES CHANSONS : « J'AI PAS VINGT ANS ».

JE SUIS LA PROTÉGÉE DE MYLÈNE FARMER.

JE PORTE LE NOM D'UN VENT.

MON SINGLE « MOI... LOLITA » A ÉTÉ MON PREMIER SUCCÈS.

VRAI OU FAUX
DANS LA CHINE ANCIENNE

❶ Mulan est une jeune chinoise qui se déguise en garçon pour devenir soldat. **VRAI OU FAUX ?**

❷ Mulan s'engage dans l'armée impériale à la place de son frère. **VRAI OU FAUX ?**

❸ Pour lui porter bonheur, la grand-mère de Mulan lui donne une coccinelle. **VRAI OU FAUX ?**

❹ Shan-Yu est le chef des Mongols. **VRAI OU FAUX ?**

❺ Le dragon qui accompagne Mulan s'appelle Mushu. **VRAI OU FAUX ?**

QUESTIONS

VOYAGE EN EUROPE

1. Quelles montagnes
séparent la France de l'Espagne ?

2. À quoi ressemble l'Italie lorsqu'on la dessine
sur une carte ?

3. Quel pays est réputé pour son chocolat
et ses horloges ?

4. Quelle est la capitale du Portugal ?

5. De quel côté est le volant
dans les voitures anglaises ?

6. Comment appelle-t-on les habitants
du Danemark ?

7. Que signifie le sigle UE ?

QCM

ZÉRO FÔTES !

1 Comment écrit-on...

a - Orthographe

b - Ortographe

c - Ortograffe

2 Il faut écrire...

a - « Je préfère les bisous aux caillous. »

b - « Je préfère les bisous aux cailloux. »

c - « Je préfère les bisoux aux cailloux. »

3 Comment faut-il écrire...

a - « Je m'appelle Maud. »

b - « Je m'apelle Maud. »

c - « Je m'apèle Maud. »

4 Quelle est la bonne façon d'écrire...

a - Hipopotame

b - Hippopotame

c - Hippoppotame

Qui Suis-je ?

IL ÉTAIT UNE FOIS DANS L'OUEST...

JE SUIS NÉ DANS L'OUEST AMÉRICAIN AVANT QUE L'HOMME N'Y ARRIVE.

JE SUIS CAPTURÉ PAR UN COLONEL SADIQUE.

JE ME LIE D'AMITIÉ AVEC L'INDIEN LITTLE CREEK.

POUR LA PREMIÈRE FOIS, JE TOMBE AMOUREUX. ELLE S'APPELLE RAIN.

JE SUIS UN MAGNIFIQUE ÉTALON DE DESSIN ANIMÉ.

VRAI OU FAUX

BATEAU, SUR L'EAU !

1. Le « Titanic » a coulé après avoir percuté un iceberg. VRAI OU FAUX ?

2. Un célèbre trois-mâts français s'appelle le « Belem ». VRAI OU FAUX ?

3. Le « Queen Mary I » est un immense paquebot de croisière construit en 2003. VRAI OU FAUX ?

4. Le « Charles-de-Gaulle » est un pétrolier géant. VRAI OU FAUX ?

5. Christophe Colomb a voyagé à bord de la « Santa Maria ». VRAI OU FAUX ?

QUESTIONS

PETITS SURNOMS POUR GRANDS PERSONNAGES

1 Comment Louis XIV aimait-il se faire appeler ?

2 Qui était « l'empereur à la barbe fleurie » ?

3 Qui fut surnommée « l'Autrichienne » ?

4 Qui appelait-on « le père et restaurateur des lettres » ou « François au Grand Nez » ?

5 Qui était « Napoléon le petit » ?

6 À la fin de sa vie, quel roi ne fut plus que « le citoyen Capet » ?

7 Quelle reine connaît-on sous le surnom de « la reine Margot » ?

QCM

Tout sur Lorie !

1 Quel est le vrai prénom de Lorie ?

a - Laurence

b - Laure

c - Loraine

2 Quelle est la chanson qui la fit connaître ?

a - « Toute seule »

b - « Près de moi »

c - « Ma meilleure amie »

3 Quelle est la suite du refrain « Sur un air latino…

a - … il fait toujours très chaud. »

b - … je ressens le tempo. »

c - … le monde me semble beau. »

4 Où est née Lorie ?

a - Au Plessis-Bouchard, près de Paris

b - À Saint-Denis, en banlieue parisienne

c - À Aix-en-Provence, dans le sud de la France

Qui Suis-je ?

LES COPAINS D'ABORD

EN CLASSE, JE SUIS TURBULENT ET CHAHUTEUR.

J'AI UNE DRÔLE DE TOUFFE DE CHEVEUX BLONDS SUR LA TÊTE.

J'AIME NADIA, LA PLUS BELLE.

MON MEILLEUR AMI S'APPELLE MANU.

C'EST LE DESSINATEUR ZEP QUI A IMAGINÉ MON PERSONNAGE.

VRAI OU FAUX

RACONTE-MOI UNE PRÉHISTOIRE...

1. Les hommes des cavernes chassaient les dinosaures. VRAI OU FAUX ?

2. Les premiers hommes sont apparus en Asie. VRAI OU FAUX ?

3. Les dinosaures pondaient des œufs. VRAI OU FAUX ?

4. L'homme de Cro-Magnon vivait avant l'homme de Neandertal. VRAI OU FAUX ?

5. Le diplodocus est un animal légendaire. VRAI OU FAUX ?

QUESTIONS

AUTOUR DU BALLON ROND

1. À quel joueur le chanteur Pascal Obispo a-t-il rendu un hommage ?

2. En 1998, quel entraîneur mène la France à la victoire pendant la Coupe du monde de football ?

3. Il est Anglais, il fait craquer les filles et il joue au Real Madrid. Qui est-ce ?

4. Quel numéro porte Zinedine Zidane sur son maillot ?

5. Quelle grande gueule du football français joue maintenant au cinéma ?

6. Quel joueur a épousé une femme mannequin, ambassadrice de la Croix-Rouge ?

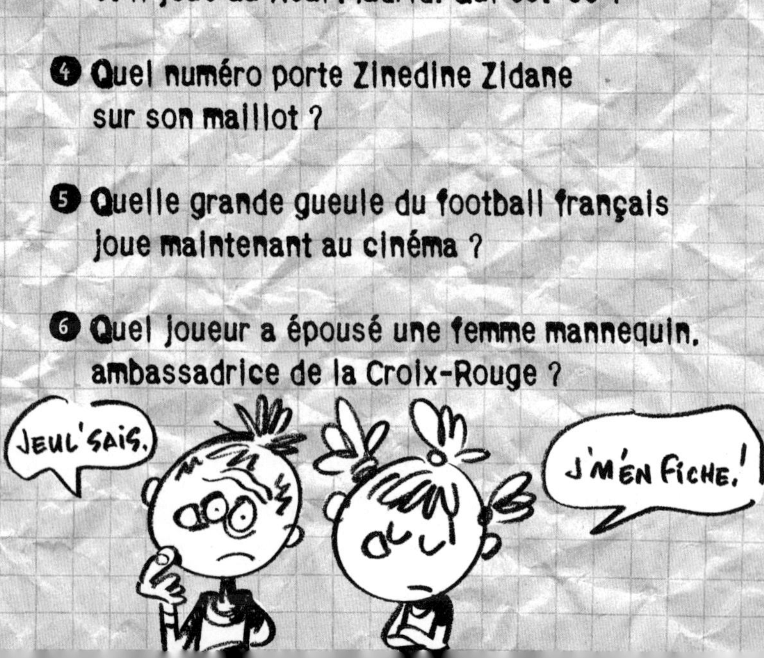

QCM

TOURNEZ PLANÈTES !

❶ Lequel de ces astres n'est pas une planète ?

a - Le Soleil

b - Mars

c - Jupiter

❷ Quelle est la planète la plus proche du Soleil ?

a - Pluton

b - Uranus

c - Mercure

❸ Combien de temps la Terre met-elle pour tourner autour du Soleil ?

a - 24 heures

b - 365 jours

c - 27 jours

❹ Quel événement a créé notre univers ?

a - Le Big Bang

b - La Voie lactée

c - Une pluie de météorites

Qui Suis-je ?

LES ENFANTS L'ADORENT

JE SUIS NÉ EN 1901 À CHICAGO.

JE SUIS À LA FOIS DESSINATEUR ET CINÉASTE.

MA PASSION, C'EST LE DESSIN ANIMÉ.

J'AI CRÉÉ LES PERSONNAGES DE MICKEY, BLANCHE-NEIGE, BAMBI...

AUJOURD'HUI, LA PLUPART DES DESSINS ANIMÉS VIENNENT DES STUDIOS QUE J'AI CRÉÉS.

VRAI OU FAUX

TÉLÉ RÉALITÉ

1. Ils sont venus des quatre coins de l'Europe pour vivre ensemble... C'est dans l'émission Beautiful People. **VRAI OU FAUX ?**

2. Dans Koh-Lanta, les concurrents doivent apprendre à survivre sur une île déserte. **VRAI OU FAUX ?**

3. Popstars et Star Academy apprennent à chanter et à danser à une dizaine de jeunes. **VRAI OU FAUX ?**

4. Fear Factor entraîne les candidats au bout de leurs limites et de leurs peurs. **VRAI OU FAUX ?**

5. Loana s'est fait connaître grâce à Star Academy. **VRAI OU FAUX ?**

QUESTIONS

MADE IN USA

1. Où habite le président américain ?

2. Que sont les fameux « billets verts » ?

3. Quelles tours furent détruites dans l'attentat du 11 septembre 2001 ?

4. Quel Français gagna le championnat NBA de basket avec son équipe américaine en 2003 ?

5. Quelle est la capitale des États-Unis ?

6. Quel homme noir fut assassiné alors qu'il militait contre le racisme aux États-Unis ?

7. Que veulent dire les initiales FBI ?

QCM

Animaux du monde

1 Où peut-on trouver des tigres ?

a - En Europe

b - En Afrique

c - En Asie

2 Le caméléon est un animal familier de…

a - L'île de Madagascar

b - L'île d'Elbe

c - L'île de Ré

3 Le koala vit…

a - Dans les eucalyptus australiens

b - Dans les palétuviers mexicains

c - Dans les cerisiers japonais

4 Où peut-on trouver des moustiques ?

a - En Europe

b - En Amérique

c - Partout dans le monde

Qui suis-je ?

IL EST DANS LA LUNE…

JE SUIS NÉ AUX ÉTATS-UNIS.

JE SUIS DEVENU UN BRILLANT ASTRONAUTE.

L'UNE DE MES PHRASES EST RESTÉE TRÈS CÉLÈBRE :
« UN PETIT PAS POUR L'HOMME,
UN GRAND PAS POUR L'HUMANITÉ ».

LE 21 JUILLET 1969,
JE SUIS LE PREMIER HOMME
À MARCHER SUR LA LUNE.

VRAI OU FAUX

SI ON JARDINAIT ?

❶ La tomate est un fruit. **VRAI OU FAUX ?**

❷ Les haricots verts poussent dans la terre.
VRAI OU FAUX ?

❸ Les bananes poussent sur les cocotiers.
VRAI OU FAUX ?

❹ La pomme de terre est un tubercule.
VRAI OU FAUX ?

❺ Dans la carotte, c'est la racine qui se mange.
VRAI OU FAUX ?

QUESTIONS

PETITE PAGE D'ÉCRITURE

❶ Combien y a-t-il de lettres dans l'alphabet ?

❷ Comment s'appelait l'écriture des Égyptiens ?

❸ Il s'agit d'un code composé de points et de traits. Quel est son nom ?

❹ Comment appelle-t-on l'écriture en relief qu'utilisent les aveugles ?

❺ Les Français écrivent de gauche à droite. Comment font les Japonais ?

❻ D'où viennent les chiffres que nous utilisons aujourd'hui ?

❼ Comment écrit-on « 10 » en chiffres romains ?

QCM

ÇA, C'EST SPORT !

1 David Douillet était champion du monde de...

a - Judo

b - Formule 1

c - Boxe

2 Qui dit Tony Parker dit...

a - Basket-ball

b - Handball

c - Volley-ball

3 En 2003, Fabien Galthié était capitaine de l'équipe de France pour la Coupe du monde de...

a - Football

b - Rugby

c - Hockey sur glace

4 Dans quel sport Laura Flessel s'illustre-t-elle ?

a - Triathlon

b - Escrime

c - Natation

Qui suis-je ?

JOLIE FRANÇAISE

TOUTE MA FAMILLE ET MOI-MÊME SOMMES CORSES.

J'AI COMMENCÉ MA CARRIÈRE COMME MANNEQUIN.

J'AI SERVI DE MODÈLE POUR LE BUSTE DE MARIANNE QUI SE TROUVE DANS LES MAIRIES.

JE SUIS DEVENUE ACTRICE.

JE SUIS FALBALA DANS « ASTÉRIX ET OBÉLIX CONTRE CÉSAR ».

VRAI OU FAUX
AU PAYS DES MANGAS

❶ Le grand-père de Yugi tient une boutique d'antiquités. **VRAI OU FAUX ?**

❷ Avant de devenir l'ami de Yugi, Joey était un mauvais garçon. **VRAI OU FAUX ?**

❸ Dans le jeu de Yu-Gi-Oh, Yugi et ses amis ont 15 ans. **VRAI OU FAUX ?**

❹ Yugi est amoureux de Léa. **VRAI OU FAUX ?**

❺ Pegasus sait prédire l'avenir. **VRAI OU FAUX ?**

QUESTIONS

C'EST DE L'ART !

1. Qui a construit la tour Eiffel ?

2. Quel grand compositeur était sourd ?

3. Qu'appelle-t-on le septième art ?

4. Comment surnomme-t-on les élèves de l'école de danse de l'Opéra de Paris ?

5. Qui a peint le portrait de la Joconde ?

6. Quel est le musée français le plus connu ?

7. Auguste Rodin a sculpté un homme nu, qui réfléchit la tête posée sur sa main. Quel est le nom de cette célèbre statue ?

QCM

DANS LA FAMILLE RAZMOKET...

❶ Quel est le surnom de Charles-Édouard Fifrelin ?

a - Le Cyclope

b - La Binocle

c - L'Intello

❷ Qui est Spike ?

a - Un chat

b - Un chien

c - Un dinosaure

❸ Comment s'appellent les jumeaux Devilles ?

a - Alphonse et Sophie

b - Théophile et Cécile

c - Hippolyte et Jeanne

❹ Quel est le nom de famille d'Angélica, Tommy et Jules ?

a - Courgette

b - Potiron

c - Cornichon

Qui Suis-je ?

LE GRAND OISEAU BLANC

JE SUIS UN AVION SUPERSONIQUE.

MON NEZ S'ABAISSE
LORSQUE JE SUIS À TERRE.

JE SUIS CAPABLE DE RELIER
PARIS À NEW YORK EN 3 H 45 MIN.

JE PORTE LE MÊME NOM
QU'UNE GRANDE PLACE DE PARIS.

UN TERRIBLE ACCIDENT,
LE 25 JUILLET 2000,
A MIS FIN À MA CARRIÈRE.

VRAI OU FAUX

DES MARQUES SINON RIEN !

1. La marque Reebok se reconnaît aux trois bandes qui ornent les vêtements et les chaussures. VRAI OU FAUX ?

2. La mascotte de DDP pour les filles s'appelle Eggminette. VRAI OU FAUX ?

3. Lola Castagnette est une marque de vêtements pour filles. VRAI OU FAUX ?

4. Le logo de la marque Nike s'appelle le « swoosh ». VRAI OU FAUX ?

5. La marque Billabong est très liée au milieu du surf et de la glisse. VRAI OU FAUX ?

QUESTIONS

FUTURES STARS EN VUE…

1. Où les élèves de la Star Academy vivent-ils le temps de l'émission ?

2. Qui présente la Star Academy ?

3. Sur quelle chaîne est diffusée l'émission Star Academy ?

4. Qui a chanté « Je suis un agitateur » ?

5. De quel dessin animé Houcine a-t-il interprété le générique ?

6. Quel est le titre du premier single de Nolwenn Leroy ?

QCM

PORTE-DRAPEAUX

1 Un rond rouge sur fond blanc. Quel pays ce drapeau représente-t-il ?

a - L'Espagne
b - Le Japon
c - La Belgique

2 L'Union européenne a son propre drapeau. Comment est-il ?

a - Douze étoiles jaunes en rond sur fond bleu
b - La Terre entourée de dix étoiles, sur fond bleu
c - Le sigle € sur fond bleu

3 De quelles couleurs est le drapeau allemand (de haut en bas) ?

a - Orange – noir – rouge
b - Noir – rouge – jaune
c - Rouge – orange – noir

4 Comment s'appelle le drapeau du Royaume-Uni ?

a - Uncle Sam
b - Uncle Ben's
c - Union Jack

Qui Suis-je ?

DROIT AU BUT

JE SUIS NÉ EN 1971
À LAVELANET, DANS L'ARIÈGE.

JE PORTE LE MAILLOT N° 16.

JE N'AI JAMAIS MARQUÉ AUCUN
BUT… MAIS J'AI EMPÊCHÉ
PLUS D'UN BALLON D'ENTRER
DANS LA CAGE.

J'AI ÉTÉ CHAMPION DU MONDE
EN 1998 ET CHAMPION D'EUROPE
EN 2000.

LES JOUEURS DE MON ÉQUIPE
M'EMBRASSENT LE CRÂNE AVANT
UN MATCH.

VRAI OU FAUX

IL SUFFISAIT D'Y PENSER...

1 La première bicyclette n'avait pas de pédales. VRAI OU FAUX ?

2 C'est un Français, Eugène Poubelle, qui a inventé... la poubelle. VRAI OU FAUX ?

3 L'inventeur du téléphone est un Américain : Edmond Dring. VRAI OU FAUX ?

4 Les Chinois ont inventé le ping-pong. VRAI OU FAUX ?

5 Le comte de Sandwich est l'inventeur du... sandwich. VRAI OU FAUX ?

UESTIONS

AF ! IL EST CÉLÈBRE !

❶ **Q**ui est le plus fidèle compagnon de Tintin ?

❷ **C**ruella veut leur peau. Qui sont-ils ?

❸ **Q**uel énorme saint-bernard parle et porte le nom d'un célèbre compositeur ?

❹ **C**omment s'appelle le fidèle compagnon de Sammy ?

❺ **D**ans « Boule et Bill », qui est le chien ?

❻ **Q**uel est le chien le plus stupide des États-Unis, qui veille sur les frères Dalton ?

❼ **Q**ui aime se reposer sur le toit de sa niche ?

1 Qu'est-ce qu'un chérubin ?

a - Un petit ange

b - Un chien de concours

c - Un prince arabe

2 Le bolduc est...

a - Un petit bol

b - De la ficelle de cadeau

c - Le fils d'un duc

3 Quel est le sens du mot ramequin ?

a - Un lit à colonnes

b - Un petit récipient

c - Des rames d'aviron

4 Que sont les mirettes ?

a - Les yeux en langage familier

b - Un petit miroir à trois volets

c - Des actrices de mime

Qui Suis-je ?

AU TEMPS DES CATHÉDRALES

JE VIS CACHÉ POUR NE PAS MONTRER MON HORRIBLE BOSSE AUX GENS.

J'AI TROUVÉ REFUGE DANS LE CLOCHER DE LA CATHÉDRALE DE PARIS.

JE SUIS AMOUREUX D'ESMÉRALDA, LA JOLIE BOHÉMIENNE.

SUR SCÈNE, LE CHANTEUR GAROU INCARNE MON PERSONNAGE.

JE SUIS UN DES HÉROS DE «NOTRE-DAME DE PARIS».

VRAI OU FAUX ÉLÉPHANTESQUE !

1. Babar porte toujours un costume bleu. VRAI OU FAUX ?

2. Babar est le roi de Babarville. VRAI OU FAUX ?

3. Le singe, ami de la famille, se prénomme Zébulon. VRAI OU FAUX ?

4. La petite fille de Babar s'appelle Prune. VRAI OU FAUX ?

5. Le créateur de Babar s'appelait Jean de Brunhoff. VRAI OU FAUX ?

QUESTIONS

AU LOUP !

❶ Trois frères à la peau rose se construisent chacun une maison en espérant échapper au loup. De quelle histoire s'agit-il ?

❷ Quel conte racontant l'histoire d'un petit garçon désobéissant, Prokofiev a-t-il mis en musique ?

❸ « Tire la chevillette, la bobinette cherra. » De quelle histoire cette phrase est-elle tirée ?

❹ Quelle fable de La Fontaine raconte les mésaventures d'un petit agneau ?

❺ Gare aux nuits de pleine lune... On raconte qu'un être terrifiant sort ces soirs-là. Qui est-il ?

❻ Dans quel film Kevin Costner sympathise-t-il avec un loup ?

QCM

C'EST MONUMENTAL !

1 Que fit construire Napoléon pour célébrer ses victoires ?

a - L'Obélisque

b - L'Arc de Triomphe

c - Le musée du Louvre

2 Quel célèbre lieu touristique est inaccessible à marée haute ?

a - La dune du Pilat

b - L'île de la Cité

c - Le Mont-Saint-Michel

3 Qu'appelle-t-on les alignements de Carnac, en Bretagne ?

a - Un champ planté de menhirs

b - Des colonnades en verre

c - Une allée d'arbres centenaires

4 À Nîmes, dans le sud de la France, il reste de magnifiques vestiges de l'époque romaine. Quels sont-ils ?

a - Des catacombes

b - Des arènes

c - Une collection d'amphores en argent

Qui suis-je ?

ÉBLOUISSANTE MAJESTÉ

MA MÈRE S'APPELAIT ANNE D'AUTRICHE.

JE DEVIENS ROI À CINQ ANS !

JE SUIS ROI DE FRANCE PENDANT... 72 ANS !

JE FAIS CONSTRUIRE LE CHÂTEAU DE VERSAILLES.

J'AIME QUE L'ON M'APPELLE « LE ROI-SOLEIL ».

VRAI OU FAUX

TU FABULES !

1 Dans « La Cigale et la Fourmi », la cigale a profité de l'été pour faire des provisions. VRAI OU FAUX ?

2 Le lièvre arrive de justesse avant la tortue dans « Le Lièvre et la Tortue ». VRAI OU FAUX ?

3 Dans une fable, un crapaud veut devenir aussi gros qu'un bœuf. VRAI OU FAUX ?

4 « La raison du plus fort est toujours la meilleure. » Ainsi commence « Le Loup et l'Agneau ». VRAI OU FAUX ?

5 Dans « Le Corbeau et le Renard », la morale est : « Tout flatteur vit aux dépens de celui qui l'écoute. » VRAI OU FAUX ?

QUESTIONS

C'EST PAS SORCIER !

1. De quelle forme est la cicatrice que Harry Potter porte sur le front ?

2. Qui est Celui-dont-on-ne-doit-pas-prononcer-le-nom ?

3. Comment s'appelle la chouette de Harry Potter ?

4. Comment appelle-t-on ceux qui ne sont pas sorciers ?

5. Qu'est-ce qui peut être au goût de fraise, de roquefort ou de poubelle ?

6. De quoi Severus Rogue est-il professeur ?

7. Quel est l'animal totem de la maison Gryffondor ?

QCM

FRUITS D'AUTOMNE

1 Lequel de ces fruits ne se mange pas ?

a - Le marron

b - La châtaigne

c - La noisette

2 Comment s'appelle l'enveloppe piquante qui entoure la châtaigne ?

a - La capsule

b - La bogue

c - La cupule

3 Quel est le repas préféré du sanglier ?

a - Le gland

b - La faine

c - Le marron

4 Quel est le fruit du hêtre ?

a - La faine

b - Le gland

c - L'étrier

Qui Suis-je ?

AU ROYAUME DES BÉBÉS

J'AI 1 AN.

J'AI UNE GRANDE SŒUR, ANGÉLICA, ET UN PETIT FRÈRE, JULES.

ON ME SURNOMME «CASSE-BONBON».

MON NOM DE FAMILLE SE MANGE.

JE SUIS UN RAZMOKET.

VRAI OU FAUX

ALLÔ ?

1. Pour appeler les pompiers, il faut composer le 18. **VRAI OU FAUX ?**

2. En appelant le 15, on obtient le SAMU. **VRAI OU FAUX ?**

3. La police répond au 16. **VRAI OU FAUX ?**

4. Pour obtenir le numéro de téléphone de quelqu'un, il suffit d'appeler les renseignements au 13. **VRAI OU FAUX ?**

5. Le numéro d'enfance maltraitée est le 119. **VRAI OU FAUX ?**

QUESTIONS

À CHACUN SON MÉTIER

1. Levure, baguette, pétrin, farine...
À quel métier ces mots font-ils penser ?

2. Quel médecin remet les dents droites
avec un appareil dentaire ?

3. Il fait une plaidoirie pour prendre la défense
des accusés. Qui est-ce ?

4. Qui faut-il appeler pour construire les murs
de sa maison ?

5. Comment appelle-t-on celui qui élève
des abeilles pour faire du miel ?

6. Il vend des vieux objets ou des meubles anciens
de grande valeur. Qui est-il ?

7. En russe, on dit cosmonaute.
En américain, astronaute.
Et en français ?

QCM

Musique maestro !

❶ **C'est l'histoire d'Esméralda, Phœbus et Quasimodo. Il s'agit de...**

a - Notre-Dame de Paris

b - Esméralda la bohémienne

c - La Belle et la Bête

❷ **Qui interprétait le rôle de Roméo dans « Roméo et Juliette » ?**

a - Patrick Fiori

b - Garou

c - Damien Sargue

❸ **Dans quelle comédie musicale peut-on entendre chanter Scarlett O'Hara ?**

a - Autant en emporte le vent

b - Le Voyage de Gulliver

c - Les Dix Commandements

❹ **« Nous sommes deux sœurs jumelles... » Dans quelle comédie musicale peut-on entendre cette chanson ?**

a - Starmania

b - Les Demoiselles de Rochefort

c - Hair

Qui Suis-je ?

QUEL SYMBOLE !

JE SUIS UN CADEAU
DE LA FRANCE AUX ÉTATS-UNIS.

JE SUIS L'ŒUVRE DU SCULPTEUR
BARTHOLDI.

JE PORTE UN FLAMBEAU
DANS LA MAIN DROITE.

LES TOURISTES PEUVENT MONTER
DANS MA COURONNE.

JE SUIS L'UNE DES PRINCIPALES
ATTRACTIONS DE LA VILLE
DE NEW YORK.

VRAI OU FAUX
SUIVONS LE COURS

1. La Loire est le plus long fleuve de France.
VRAI OU FAUX ?

2. La Seine se jette dans l'océan Atlantique.
VRAI OU FAUX ?

3. La Garonne passe à Bordeaux. VRAI OU FAUX ?

4. Le Rhône se jette dans la mer en faisant un delta. VRAI OU FAUX ?

5. Le Rhin est un fleuve du sud de la France.
VRAI OU FAUX ?

QUESTIONS

DESSINS TRÈS ANIMÉS

1. Quel ogre verdâtre va voler au secours de la princesse Fiona ?

2. Quel petit animal provoque un nouvel âge de glace en fendant la banquise avec une noisette ?

3. Quel dessin animé raconte l'amitié impossible entre un chien de chasse et un renard ?

4. Qui est envoyé par le roi Triton pour surveiller Ariel, la Petite Sirène ?

5. Qui s'est glissé à bord du bateau de Sinbad pour vérifier qu'il accomplit parfaitement sa mission ?

6. Comment s'appellent les deux filles de la famille Delajungle ?

7. Quel est le nom de la ville des monstres dans « Monstres & Cie » ?

QCM

DE PÈRE EN FILS

1 Comment s'appelle le bébé du lapin ?

a - Le lapereau

b - Le lapinou

c - Le lapineau

2 Comment appelle-t-on le petit du poisson rouge ?

a - Le poissonnet

b - Le rouget

c - Le bébé poisson rouge

3 Qui est le jeune crapaud ?

a - Le crapouille

b - Le têtard

c - Le crapouillot

4 Quel est le petit du sanglier ?

a - Le sanglotin

b - Le marcassin

c - Le cochonnet

BÉBÉS D'ANIMAUX DESSINÉS PAR UN BÉBÉ DE DESSINATEUR.

Qui Suis-je ?

MONTÉ SUR UN RESSORT

JE SUIS BELGE.

JE ME SUIS FAIT CONNAÎTRE EN FRANCE EN INTERPRÉTANT « WHENEVER » DE SHAKIRA.

JE PORTE MES CRAVATES… DANS LA POCHE DE MON PANTALON.

ON DIT DE MOI QUE JE SUIS UNE PILE ÉLECTRIQUE.

JE SUIS LE GAGNANT DE L'ÉMISSION À LA RECHERCHE DE LA NOUVELLE STAR.

VRAI OU FAUX

LA VOIX DU NORD

1. Céline Dion est née aux États-Unis.
VRAI OU FAUX ?

2. « S'il suffisait d'aimer » est une chanson de Céline Dion. VRAI OU FAUX ?

3. Son fils s'appelle René-Charles. VRAI OU FAUX ?

4. Céline Dion a décidé de donner trois ans de concerts à Hollywood. VRAI OU FAUX ?

5. Son dernier album s'intitule « Une fille et 4 garçons ». VRAI OU FAUX ?

CÉLINE DION EST PLEINE DE BRUIT, À L'INTÉRIEUR. QUAND ELLE OUVRE LA BOUCHE, ON ENTEND TOUT.

QUESTIONS

TOUR DE FRANCE GOURMAND

❶ Qu'est-ce qui pétille
et que l'on produit dans la région de Reims ?

❷ Comment s'appelle le plat traditionnel provençal
à base de poissons ?

❸ Quelle est la spécialité de la région lorraine ?

❹ Du fromage fondu dans un caquelon
et des morceaux de pain que l'on trempe dedans.
Qu'est-ce que c'est ?

❺ Que fabrique-t-on à Montélimar et que les
gourmands apprécient beaucoup ?

❻ Qu'est-ce que la fougasse ?

❼ Quel est le fruit symbole de la Normandie ?

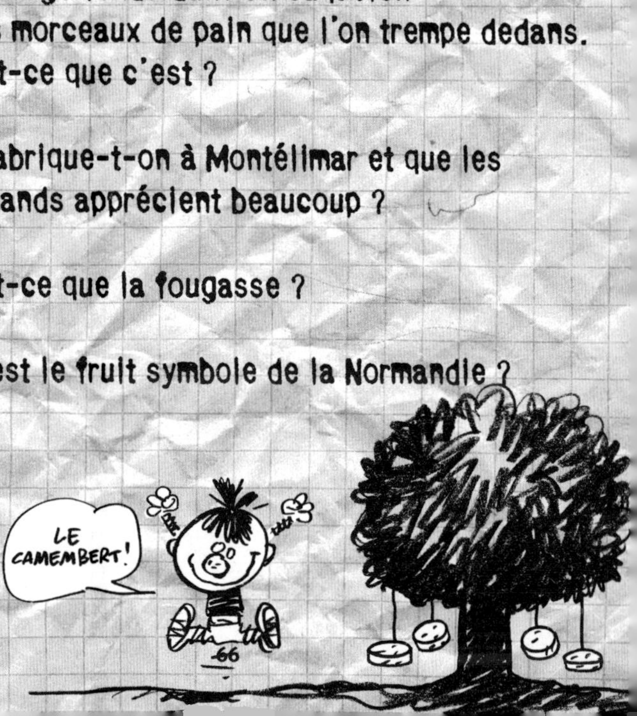

1 Comment sont décédés les parents des orphelins Baudelaire ?

a - Dans un incendie

b - Dans un accident de voiture

c - Lors d'une croisière en Égypte

2 Combien la famille Baudelaire compte-t-elle d'enfants ?

a - Deux

b - Trois

c - Quatre

3 Qui est l'aînée des orphelins Baudelaire ?

a - Clochette

b - Violette

c - Pâquerette

4 Comment s'appelle le banquier qui a reçu la charge des enfants Baudelaire ?

a - Monsieur Poe

b - Monsieur Pie

c - Monsieur Pae

Qui Suis-je ?

ON DIRAIT UN ELFE

JE NE VEUX SURTOUT PAS
DEVENIR UNE GRANDE PERSONNE.

JE PORTE UNE TUNIQUE
ET UN CHAPEAU VERTS.

J'AIME LES HISTOIRES
DE LA PETITE FILLE WENDY.

JE VOLE AUSSI BIEN
QUE MON AMIE CLOCHETTE.

MON ENNEMI DE TOUJOURS
EST LE CAPITAINE CROCHET.

VRAI OU FAUX

ÇA FAIT DES BULLES !

❶ Le dernier album d'Astérix et Obélix s'intitule « Astérix à l'école ». VRAI OU FAUX ?

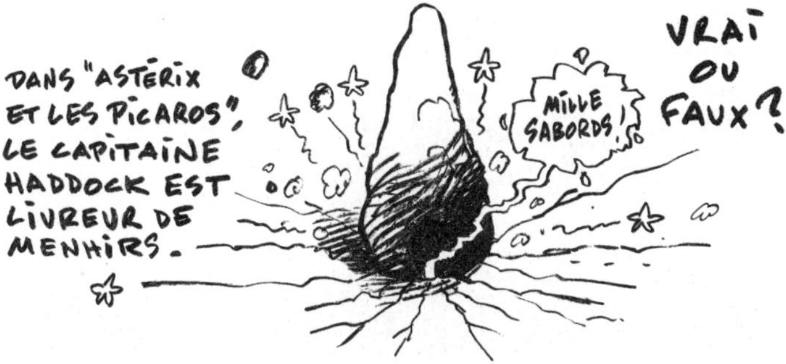

❷ Le créateur de Tintin s'appelle Hergé. VRAI OU FAUX ?

❸ Dans les nouveaux albums de Lucky Luke, le héros ne fume plus : il mâchonne une herbe. VRAI OU FAUX ?

❹ La bande de Titeuf s'appelle « La bande à Teuf ! ». VRAI OU FAUX ?

❺ Vertignasse est le meilleur ami du Petit Spirou. VRAI OU FAUX ?

QUESTIONS

QUEL TEMPS FAIT-IL ?

1. Quelle science étudie l'évolution du temps ?

2. « Après la pluie, ... ».
Quelle est la fin de ce dicton ?

3. Le soleil réapparaît quand les dernières gouttes de pluie tombent encore.
Que se passe-t-il alors ?

4. Chaque matin, le sol est recouvert de gouttelettes d'eau. Comment s'appelle ce phénomène ?

5. Cumulus, nimbo-stratus, strato-cumulus...
Qu'est-ce que c'est ?

6. Comment s'appelle la saison des pluies en Asie du Sud ?

7. Quel est le contraire d'une dépression ?

QCM

Donne ta langue au chat !

❶ **Une maman qui s'inquiète un peu trop pour ses enfants est...**

a - Une mère cane

b - Une mère poule

c - Une mère chatte

❷ **Laquelle de ces expressions n'existe pas ?**

a - Être malin comme un singe

b - Être muet comme une carpe

c - Être vif comme un agneau

❸ **Quelle expression signifie « Être amis » ?**

a - S'entendre comme chien et chat

b - Se connaître comme le loup blanc

c - Être copains comme cochons

❹ **Que veut dire « Avoir une langue de vipère » ?**

a - Dire des méchancetés sur tout le monde

b - Être très très bavard

c - Zozoter

Qui Suis-je ?

UNE VILLE POUR LES AMOUREUX

JE SUIS ITALIENNE.

ON M'APPELLE «LA CITÉ DES DOGES».

CHAQUE ANNÉE, MON CARNAVAL ATTIRE DES MILLIERS DE TOURISTES.

POUR ME VISITER, MIEUX VAUT PRENDRE UNE GONDOLE.

JE SUIS CONSTRUITE EN PARTIE SUR L'EAU.

VRAI OU FAUX

À TABLE !

❶ Le chinois
est une passoire très fine.
VRAI OU FAUX ?

❷ Pour mettre le couvert, on place le couteau à gauche et la fourchette à droite.
VRAI OU FAUX ?

❸ Un set de table est une sorte de petite nappe individuelle. VRAI OU FAUX ?

❹ Un œuf à la coque doit cuire cinq minutes.
VRAI OU FAUX ?

❺ Une écumoire est une grande cuillère plate, à trous. VRAI OU FAUX ?

QUESTIONS

LEÇON D'ANATOMIE

1. Comment s'appelle le troisième doigt de la main ?

2. Quels sont les cinq sens ?

3. Combien avons-nous de dents ?

4. Dans le corps humain, où se trouvent l'étrier, le marteau et l'enclume ?

5. Quel élément présent dans tous les produits laitiers sert à consolider les os ?

6. De quel gaz avons-nous impérativement besoin pour respirer et vivre ?

7. Quel est le nom des milliards de petites cellules qui peuplent notre cerveau ?

QCM

LA PETITE MAISON DANS LA PRAIRIE

1 Quelle est la sœur de Laura Ingalls qui devient aveugle ?

a - Grace

b - Carrie

c - Mary

2 Quel est le nom du docteur ?

a - Docteur Quinn

b - Docteur Baker

c - Docteur Knock

3 La famille Ingalls habite à...

a - Walnut Grove

b - Palm Spring

c - Sleepy Hight

4 Comment s'appelle le mari de Nelly Oleson ?

a - Percival

b - Ferdinand

c - Almonzo

Qui Suis-je ?

PÔLE POSITION

J'AIME VIVRE À 300 KM/H.

MON FRÈRE, RALF,
EST COMME MOI.

MA MARQUE DE VOITURE
PRÉFÉRÉE EST FERRARI.

JE SUIS UNE STAR
DES CIRCUITS AUTOMOBILES.

JE SUIS SIX FOIS CHAMPION
DU MONDE DE FORMULE 1.

MICHEL VAILLANT ?

SOLUTIONS

▷ Page 7 **QCM**

1b ; 2a ; 3b ; 4a

▷ Page 8 **QUI SUIS-JE ?**

La comtesse de Ségur

▷ Page 9 **VRAI OU FAUX ?**

1 – VRAI.
2 – FAUX. C'est de DJ Bobo.
3 – FAUX. C'est Céline Dion.
4 – FAUX. Il s'agit d'un album d'Alizée.
5 – VRAI.

▷ Page 10 **QUESTIONS**

1 – C'est le 31 décembre, jour de la Saint-Sylvestre.
2 – Le 14 juillet 1789, le peuple de Paris prend la Bastille. C'est le début de la Révolution française.
3 – Le muguet.
4 – Le jour de Pâques.
5 – Le 8 mai 1945, l'Allemagne capitule : la Seconde Guerre mondiale est terminée.
6 – Pour la fête de Halloween.

▷ **Page 11** **QCM**

1c ; 2a ; 3a ; 4b

▷ **Page 12** **QUI SUIS-JE ?**

Jeanne d'Arc

▷ **Page 13** **VRAI OU FAUX ?**

1 – FAUX. On devient Cannois.

2 – FAUX. Ils s'appellent les Clermontois.

3 – FAUX. Les habitants de Boulogne-sur-Mer sont les Boulonnais.

4 – VRAI.

5 – VRAI.

▷ **Page 14** **QUESTIONS**

1 – Christian Clavier.

2 – Jamel Debbouze.

3 – Panoramix le druide.

4 – C'est Obélix !

5 – Amonbofis.

6 – Falbala.

7 – Son nez !

▷ **Page 15** **QCM**

1c ; 2a ; 3a ; 4b

▷ Page 16 **QUI SUIS-JE ?**

Alizée

▷ Page 17 **VRAI OU FAUX ?**

1 – VRAI.

2 – FAUX. À la place de son père.

3 – FAUX. Elle lui donne un criquet : Cri-Kee.

4 – FAUX. Shan-Yu est le chef des Huns.

5 – VRAI.

▷ Page 18 **QUESTIONS**

1 – Les Pyrénées.

2 – L'Italie ressemble à une botte.

3 – La Suisse.

4 – Lisbonne.

5 – Le volant est à droite.

6 – Les Danois.

7 – Union européenne.

▷ Page 19 **QCM**

1a ; 2b ; 3a ; 4b

▷ Page 20 **QUI SUIS-JE ?**

Spirit, l'étalon des plaines.

▷ Page 21 **VRAI OU FAUX ?**

1 – VRAI.

2 – VRAI.

3 – FAUX. C'est le « Queen Mary II ».

4 – FAUX. C'est un porte-avions.

5 – VRAI.

▷ Page 22 **QUESTIONS**

1 – Le Roi-Soleil.

2 – Charlemagne.

3 – La reine Marie-Antoinette.

4 – François Ier.

5 – Napoléon III.

6 – Louis XVI.

7 – Marguerite de Valois, épouse du roi Henri IV.

▷ Page 23 **QCM**

1b ; 2b ; 3b ; 4a

▷ Page 24 **QUI SUIS-JE ?**

Titeuf

▷ Page 25 **VRAI OU FAUX ?**

1 – FAUX. Les dinosaures avaient déjà disparu depuis longtemps.

2 – FAUX. En Afrique.

3 – VRAI.

4 – FAUX. L'homme de Neandertal est le plus vieux.

5 – FAUX. C'était un dinosaure de 25 m de long !

▷ Page 26 **QUESTIONS**

1 – Zinedine Zidane.

2 – Aimé Jacquet.

3 – David Beckham.

4 – Le numéro 10.

5 – Éric Cantona.

6 – Christian Karembeu.

▷ Page 27 **QCM**

1a ; 2c ; 3b ; 4a

▷ Page 28 **QUI SUIS-JE ?**

Walt Disney

SOLUTIONS

▷ **Page 29** **VRAI OU FAUX ?**

1 – FAUX. L'émission s'appelle Nice People.

2 – VRAI.

3 – VRAI.

4 – VRAI.

5 – FAUX. Elle s'est fait connaître dans Loft Story.

▷ **Page 30** **QUESTIONS**

1 – À la Maison-Blanche.

2 – Les dollars.

3 – Les tours du World Trade Center.

4 – Tony Parker.

5 – Washington.

6 – Martin Luther King.

7 – Federal Bureau of Investigation.

▷ **Page 31** **QCM**

1c ; 2a ; 3a ; 4c

▷ **Page 32** **QUI SUIS-JE ?**

Neil Armstrong

▷ Page 33 **VRAI OU FAUX ?**

1 – VRAI.

2 – FAUX. Ils poussent à l'air libre.

3 – FAUX. Les bananes poussent sur les bananiers et les noix de coco sur les cocotiers.

4 – VRAI.

5 – VRAI.

▷ Page 34 **QUESTIONS**

1 – 26 lettres.

2 – L'écriture hiéroglyphique.

3 – Le morse.

4 – Le braille.

5 – Les Japonais écrivent de haut en bas et de droite à gauche.

6 – Ce sont des chiffres arabes.

7 – Dix s'écrit X en chiffres romains.

▷ Page 35 **QCM**

1a ; 2a ; 3b ; 4b

▷ Page 36 **QUI SUIS-JE ?**

Lætitia Casta

▷ Page 37 VRAI OU FAUX ?

1 - FAUX. Il tient une boutique de jeux.

2 - VRAI.

3 - VRAI.

4 - FAUX. Elle s'appelle Téa.

5 - FAUX. Il a le pouvoir de lire dans les pensées.

▷ Page 38 QUESTIONS

1 - Gustave Eiffel.

2 - Beethoven.

3 - Le cinéma.

4 - Les petits rats de l'Opéra.

5 - Léonard de Vinci.

6 - Le musée du Louvre.

7 - « Le Penseur ».

▷ Page 39 QCM

1b ; 2b ; 3a ; 4c

▷ Page 40 QUI SUIS-JE ?

Le Concorde

▷ Page 41 **VRAI OU FAUX ?**

1 – FAUX. Les trois bandes sont la signature de la marque Adidas.
2 – VRAI.
3 – FAUX. Il s'agit de Lulu Castagnette.
4 – VRAI.
5 – VRAI.

▷ Page 42 **QUESTIONS**

1 – Ils vivent dans le « château ».
2 – Nikos Aliagas.
3 – TF1.
4 – Jean-Pascal.
5 – « Le Livre de la jungle 2 ».
6 – « Cassée ».

▷ Page 43 **QCM**

1b ; 2a ; 3b ; 4c

▷ Page 44 **QUI SUIS-JE ?**

Fabien Barthez

SOLUTIONS

▷ Page **45** **VRAI OU FAUX ?**

1 – VRAI. Il fallait pousser avec les pieds.

2 – VRAI.

3 – FAUX. C'est bien un Américain, mais il s'appelle Graham Bell.

4 – FAUX. Ce sont les Anglais.

5 – VRAI.

▷ Page **46** **QUESTIONS**

1 – Milou.

2 – Les 101 dalmatiens.

3 – Beethoven.

4 – Scoubidou.

5 – Bill.

6 – Rantanplan.

7 – Snoopy.

▷ Page **47** **QCM**

1a ; 2b ; 3b ; 4a

▷ Page **48** **QUI SUIS-JE ?**

Quasimodo

▷ Page 49 **VRAI OU FAUX ?**

1 – FAUX. Il est vert.

2 – FAUX. Il est roi de Célesteville.

3 – FAUX. Il s'appelle Zéphir.

4 – FAUX. Elle s'appelle Flore.

5 – VRAI.

▷ Page 50 **QUESTIONS**

1 – « Les Trois Petits Cochons ».

2 – « Pierre et le Loup ».

3 – « Le Petit Chaperon rouge ».

4 – « Le Loup et l'Agneau ».

5 – Le loup-garou.

6 – « Danse avec les loups ».

▷ Page 51 **QCM**

1b ; 2c ; 3a ; 4b

▷ Page 52 **QUI SUIS-JE ?**

Louis XIV

▷ Page 53 **VRAI OU FAUX ?**

1 – FAUX. C'est la fourmi qui se montre prévoyante.

2 – FAUX. La tortue arrive la première.

3 – FAUX. C'est une grenouille, dans « La grenouille qui veut se faire aussi grosse que le bœuf ».

4 – VRAI.

5 – VRAI.

SOLUTIONS

▷ Page 54 **QUESTIONS**

1 – Elle a la forme d'un éclair.

2 – Lord Voldemort.

3 – Hedwige.

4 – Les moldus.

5 – Les dragées surprises de Bertie Crochue.

6 – Il est professeur de potions magiques.

7 – Le lion.

▷ Page 55 **QCM**

1a ; 2b ; 3a ; 4a

▷ Page 56 **QUI SUIS-JE ?**

Tommy Cornichon

SOLUTIONS

▷ Page 57 **VRAI OU FAUX ?**

1 – VRAI.
2 – VRAI.
3 – FAUX. La police répond au 17.
4 – FAUX. Il faut appeler le 12 pour les renseignements.
5 – VRAI.

▷ Page 58 **QUESTIONS**

1 – Le boulanger.
2 – L'orthodontiste.
3 – L'avocat.
4 – Le maçon.
5 – L'apiculteur.
6 – L'antiquaire.
7 – Un spationaute.

▷ Page 59 **QCM**

1a ; 2c ; 3a ; 4b

▷ Page 60 **QUI SUIS-JE ?**

La statue de la Liberté

▷ Page **61** **VRAI OU FAUX ?**

1 – VRAI.

2 – FAUX. Elle se jette dans la Manche.

3 – VRAI.

4 – VRAI.

5 – FAUX. Le Rhin est un fleuve de l'est de la France.

▷ Page **62** **QUESTIONS**

1 – Shrek.

2 – Scrat le rongeur.

3 – « Rox et Rouky ».

4 – Sébastien, le crabe chef d'orchestre.

5 – Marina.

6 – Eliza et Debbie Delajungle.

7 – Monstropolis.

▷ Page **63** **QCM**

1a ; 2c ; 3b ; 4b

▷ Page **64** **QUI SUIS-JE ?**

Jonatan Cerrada Moreno

▷ Page 65 **VRAI OU FAUX ?**

1 – FAUX. Elle est née au Québec, une province du Canada.

2 – VRAI.

3 – VRAI.

4 – FAUX. Elle donne ses concerts à Las Vegas.

5 – FAUX. Il s'appelle « Une fille et 4 types ».

▷ Page 66 **QUESTIONS**

1 – Le champagne.

2 – La bouillabaisse.

3 – La quiche... lorraine !

4 – Une fondue savoyarde.

5 – Le nougat.

6 – Un pain provençal souvent fourré aux olives et/ou aux lardons.

7 – La pomme.

▷ Page 67 **QCM**

1a ; 2b ; 3b ; 4a

▷ Page 68 **QUI SUIS-JE ?**

Peter Pan

▷ Page 69 **VRAI OU FAUX ?**

1 – FAUX. Il s'agit de « Astérix et la rentrée gauloise ».

2 – VRAI.

3 – VRAI.

4 – FAUX. C'est Titeuf et la bande à Tchô !

5 – VRAI.

▷ Page 70 **QUESTIONS**

1 – La météorologie.

2 – « Après la pluie,... le beau temps. »

3 – Un arc-en-ciel apparaît.

4 – La rosée.

5 – Des nuages.

6 – La mousson.

7 – Un anticyclone.

▷ Page 71 **QCM**

1b ; 2c ; 3c ; 4a

▷ Page 72 **QUI SUIS-JE ?**

Venise

▷ **Page 73** **VRAI OU FAUX ?**

1 - VRAI.

2 - FAUX. C'est l'inverse : le couteau est à droite.

3 - VRAI.

4 - FAUX. La cuisson pour un œuf à la coque est de 3 minutes 30.

5 - VRAI.

▷ **Page 74** **QUESTIONS**

1 - Le majeur.

2 - La vue, l'ouïe, l'odorat, le toucher et le goût.

3 - 32 dents.

4 - Dans l'oreille.

5 - Le calcium.

6 - L'oxygène.

7 - Les neurones.

▷ **Page 75** **QCM**

1c ; 2b ; 3a ; 4a

▷ **Page 76** **QUI SUIS-JE ?**

Michael Schumacher

100% LOISIRS

dans cette collection :

100 % monsieur et madame...
Plus de 200 Monsieur et madame... pour jongler avec les noms et les prénoms.

100 % tests pour nous, les filles
Sais-tu vraiment qui tu es ? Es-tu jalouse ? Qu'es-tu prête à faire par amour ? Tu le sauras grâce à ces tests ! Un livre à partager... entre copines !

100 % humour, pour rigoler à la récré
C'est l'heure de la récré, à toi de jouer ! Épate tes copains avec toutes ces blagues, devinettes, charades, combles et Monsieur et madame : fous rires garantis !

100 % mots croisés
Tu as ton crayon ? Tu es concentré ? Regarde les dessins et les définitions, à toi de jouer ! Pour t'amuser seul, où tu veux, quand tu veux !

100 % jeux pour s'amuser en voiture
Tu ne t'ennuieras plus jamais en voiture ! Avec tous ces jeux, ces chansons, ces anecdotes, ces tests et cette histoire dont tu seras le héros... Alors, quand est-ce qu'on part ?

100 % questions pour les petits champions
Mais qui sera le champion ? Teste tes connaissances avec ces QCM, ces devinettes, ces Qui suis-je ? et ces Vrai-Faux. Pour t'amuser seul, ou tester ta famille, tes copains...

Lito
41, rue de Verdun 94500 Champigny-sur-Marne
Imprimé en CEE
Loi n° 49-956 du 16 juillet 1949 sur les publications destinées à la jeunesse
Dépôt légal : avril 2004